AF247662

NOTICE

SUR

LA VIE ET LES TRAVAUX

DE

M. ADOLPHE NOËL DES VERGERS

CHEVALIER DE LA LÉGION D'HONNEUR, DES SS. MAURICE ET LAZARE, ETC.,
CORRESPONDANT DE L'INSTITUT,
MEMBRE DE LA SOCIÉTÉ DES ANTIQUAIRES DE FRANCE, DU CONSEIL DE LA SOCIÉTÉ
ASIATIQUE, DE LA SOCIÉTÉ DE GÉOGRAPHIE,
DE L'ACADÉMIE PONTIFICALE D'ARCHÉOLOGIE, DE LA SOCIÉTÉ
DES ANTIQUAIRES DE LONDRES, DE L'INSTITUT DE CORRESPONDANCE
ARCHÉOLOGIQUE DE ROME,

PAR

M. LÉON SCOTT DE MARTINVILLE

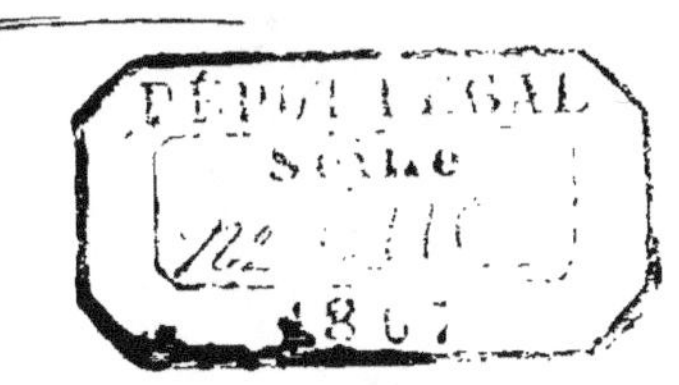

PARIS

TYPOGRAPHIE DE A. FIRMIN DIDOT

IMPRIMEUR DE L'INSTITUT DE FRANCE

RUE JACOB, 56

—

1867

NOTICE

SUR

M. AD. NOËL DES VERGERS.

——— ——— — — —

Le monde savant vient de faire une perte irréparable. M. Noël des Vergers, correspondant de l'Institut, chevalier de la Légion d'honneur, des SS. Maurice et Lazare, etc., a succombé le 2 janvier 1867, entouré des soins de sa famille, à Nice, à la suite d'une maladie de courte durée.

Joseph-Marin-Adolphe Noël des Vergers était né à Paris le 2 juin 1805. Il était originaire d'une très-ancienne et noble famille de Normandie, établie depuis deux siècles en Bourgogne. Son père, membre du conseil de la Banque de France, député de l'Yonne, et l'un des représentants les plus honorables de l'industrie parisienne, lui avait fait donner une éducation aussi complète que solide. Les qualités de son cœur, aussi éminentes que son savoir, s'étaient développées sur l'exemple paternel. Sous cette excellente direction, presque toutes les branches du savoir humain lui furent bientôt familières. Après avoir fait son droit, il voulut s'initier d'abord aux sciences physiques et aux sciences naturelles, et devint un des habiles préparateurs du cours de M. Thenard. Désireux de visiter et de comprendre l'Orient, il s'appliqua à l'étude des langues orientales, spécialement de l'arabe, et compta parmi les élèves les plus distingués de M. Caussin de Perceval. En 1837 M. des Vergers publia la *Vie de Mahomet*, par Aboulféda, avec le texte en regard de sa traduction et des notes historiques. Cette version fut adoptée au Collége de France pour les explications du cours d'arabe.

Son amour pour les beaux-arts lui fit parcourir plusieurs fois l'Italie, et il s'arrêta longtemps en Sicile, où l'avait conduit une mission scientifique que lui avait confiée M. Villemain. Là, enfermé pendant plusieurs années dans les cellules d'anciens monastères, il se livrait au déchiffrement de manuscrits oubliés, remontant à l'époque de la domination musulmane dans cette île. Il préluda à des travaux plus importants par l'insertion de mémoires sur la géographie et l'histoire orientales dans diverses publications savantes, et fut nommé membre du conseil de la Société asiatique et secrétaire général de la Société de géographie. Il fit paraître, en 1841, une traduction de l'*Histoire de l'Afrique sous la dynastie des Aghlabites et de la Sicile sous la domination musulmane*, par Ebn-Khaldoun. Aucune partie du vaste recueil de l'éminent historien des Arabes et des Berbères, une des œuvres les plus intéressantes du xive siècle et les plus utiles pour l'intelligence des conquêtes de l'islamisme, n'avait encore été mise au jour. En 1842 une nouvelle mission ramenait M. des Vergers en Italie pour y rechercher les documents relatifs à l'histoire et à la géographie de l'Afrique septentrionale. Il publia, en 1847, son *Histoire de l'Arabie*, d'après les manuscrits des principaux historiens musulmans, qui servirent de base à son travail et lui donnèrent ce caractère d'authenticité, de précision et d'impartialité qui avait manqué jusqu'alors aux études sur les sectateurs du Prophète.

Des liens d'amitié, continués de père en fils, unissaient la famille de MM. Firmin Didot à celle de M. Noël des Vergers. M. Ambroise Didot, qui avait su apprécier ses belles qualités, lui accorda sa fille. M. des Vergers fit avec sa nouvelle famille, si sympathique à ses goûts, un voyage en Grèce et dans l'Orient. Plus tard, il acquit en Italie une vaste propriété aux environs de Rimini. C'est là que son esprit observateur et curieux de découvertes histo-

riques se tourna avec ardeur vers l'étude des monuments
de l'antiquité que le sol de la Péninsule, « formé des dé-
bris des âges et de la poussière des nations, » recèle en si
grand nombre. Il fit alors la connaissance de Bartolomeo
Borghesi, fixé lui-même à San-Marino, à trois lieues seulement de Rimini. L'illustre vieillard conçut la plus vive
amitié pour le nouvel adepte de sa science favorite. Pendant des semaines entières, M. des Vergers quittait son
casin de San-Lorenzo pour jouir à l'aise des enseignements
de ce merveilleux esprit que l'âge n'avait point affaibli et
qui vient de se révéler avec tant de grandeur à l'Europe
étonnée par la publication, faite aux frais du Gouvernement
français, des œuvres du célèbre épigraphiste. M. des Vergers, si bien à même d'en apprécier l'importance, a beaucoup contribué à cette grande entreprise : il fut chargé
par le ministre d'État de s'entendre avec l'exécuteur testamentaire de Borghesi pour la cession des manuscrits, et
fut un des membres actifs de la commission formée pour
en diriger la publication (A).

Doué d'un esprit patient, d'une grande mémoire, d'une
lucidité critique et d'une méthode parfaite, M. des Vergers
s'était initié bien vite, sous l'excellente direction de Borghesi, et avec le secours d'une collection numismatique telle
que celle de San-Marino, à tous les secrets de l'épigraphie
latine. D'immenses matériaux pour l'archéologie furent
amassés ainsi en quelques années. Une occasion sembla un
jour se présenter de mettre en lumière le fruit de tant de
minutieux et difficiles labeurs, et d'illustrer à la fois le nom
de l'antiquaire de Rimini et la France elle-même.

M. Villemain, ministre de l'Instruction publique, dé-
créta la formation d'un Recueil général, ou *Corpus*, des
inscriptions latines. C'était une grande et belle pensée dont
la réalisation eût honoré la France et imprimé chez nous
un élan décisif aux travaux d'érudition.

M. Ambroise-Firmin Didot, ayant été chargé de l'exécution de ce monument littéraire, se rendit à San-Marino,

auprès de Borghesi, pour solliciter son concours et il en
obtint la promesse, puis il fit un voyage à Londres et à
Oxford pour s'assurer la communication des riches matériaux des bibliothèques de l'Angleterre. M. des Vergers,
de son côté, pour seconder son beau-père, organisa, en
vertu d'une mission ministérielle, parmi les archéologues
italiens, le système de correspondance indispensable à l'exécution de ce vaste travail. Il avait réuni lui-même à grands
frais une bibliothèque spéciale d'épigraphie, de numismatique et d'archéologie d'une importance peut-être unique
en Europe. Il devait mettre en œuvre tant de matériaux
laborieusement amassés et seconder activement M. Egger
dans l'exécution du *Corpus;* mais à quelque temps de là
M. Villemain quittait le ministère, et l'œuvre fut abandon-
née (B).

Aujourd'hui que l'Allemagne nous a dérobé la gloire de
réaliser ce grand projet, on comprend quelles précieuses
ressources un semblable recueil offre à la critique historique, quelles lumières ce répertoire inépuisable fournit
pour la connaissance de certaines époques sur lesquelles
il ne reste le plus souvent que des narrations sèches et
écourtées des abréviateurs des derniers temps de l'Empire
romain.

M. des Vergers dut donc renoncer, non sans un profond
chagrin, à une entreprise qu'il avait approfondie dans tous
ses détails, comme nous le voyons par sa *Lettre à M. Letronne* sur ce sujet. Il écrivit alors la *Vie de Marc-Aurèle,*
composée surtout à l'aide des inscriptions. Cette mono-
graphie, si neuve pour le fond, si bien écrite, nous révèle
le parti que l'historien peut tirer de l'épigraphie, et nous
laisse un amer regret de renoncer à cette histoire des An-
tonins que son auteur n'a pu qu'ébaucher. C'est dans la
notice sur Marc-Aurèle que se trouvent éclaircis pour la
première fois les rapports du gouvernement impérial avec
les communautés chrétiennes et juives. Rarement de si difficiles matières avaient pris, sous la plume d'un écrivain,

une forme d'exposition aussi limpide, et mis en lumière
tant d'érudition à la fois sobre et élégante.

Découragé, par l'échec du *Corpus*, de ces grandes en-
treprises qui nécessitent le concours de l'État, M. des
Vergers se consacra à des travaux abordables par ses ressources personnelles. Mettant à profit ses connaissances si
précises et si étendues sur l'histoire de l'art et sur la topographie de l'Italie, il explora les maremmes de la Toscane,
interrogeant et déblayant le sol, afin de rencontrer et d'ou-
vrir les nécropoles étrusques, placées souvent à de très-
grandes profondeurs, au milieu de forêts inextricables et de
solitudes envahies par la *malaria*. Il avait rencontré dans
M. Alessandro François un auxiliaire d'une rare ardeur et
d'une habileté consommée. Une série de fouilles méthodi-
quement organisée leur procura une collection importante de
vases peints, de bronzes, de bijoux, d'inscriptions. La plus
importante de leurs découvertes est celle de la célèbre tombe
de Vulci, sorte de palais mortuaire, renfermant des fresques
d'une haute antiquité, les plus intéressantes et les plus capi-
tales peut-être qu'on ait jamais rencontrées sur le sol de l'I-
talie. L'une d'elles représente un événement jusque-là mal
compris de la vie de l'Étrusque Mastarna, devenu roi de
Rome sous le nom de *Servius Tullius* (C).

Peu de temps après cette grande découverte, M. des
Vergers perdit l'habile excavateur qui avait si bien secondé
son attente. M. François succombait aux funestes atteintes
de la fièvre contractée dans ces expéditions meurtrières.
Le savant archéologue mit alors un terme à la partie mi-
litante de son œuvre, c'est-à-dire aux campagnes d'ex-
ploration des nécropoles. Il étudia et classa les objets
réunis dans toutes ses fouilles, les documents nombreux
qu'il avait recueillis sur place, les dessins rassemblés dans
ses visites aux divers musées de l'Italie, et se mit en devoir de restituer l'Étrurie, cette contrée morte depuis
vingt siècles sans avoir laissé d'annales, et dont l'histoire
est enveloppée de ténèbres et de problèmes. Des docu-

ments partiaux et trop concis, épars dans les premiers
livres de Tite-Live, quelques pages de Denys d'Halicarnasse, de rares mentions d'une valeur contestable, dissé-
minées dans des historiens ou des commentateurs du troi-
sième ou du quatrième siècle de nòtre ère, des inscriptions
nombreuses, mais sans autre portée qu'une courte légende
funéraire, tels étaient les matériaux que les devanciers de
M. des Vergers, Lanzi et Otfried Müller, avaient trouvés à
leur disposition. Le premier, dans son *Saggio di lingua
etrusca*, s'était borné à une tentative de reconstitution de
la langue des Étrusques au moyen du grec ; essai un peu
empirique et en tout cas prématuré à une époque où la
méthode philologique n'était pas créée. Le second, un des
savants les plus éminents de l'Allemagne, défricha avec
une sagacité inconnue jusqu'à lui ce champ encore mal
exploré ; il parvint à grouper, dans son livre intitulé *Die
Etrusker*, des vues d'une justesse parfois étonnante, des
aperçus d'une profondeur et d'une finesse remarquables ;
mais la connaissance parfaite des lieux et surtout l'étude
comparée des monuments exhumés depuis, lui manquèrent.
Son ouvrage était une brillante dissertation remplie d'érudition, bien que souvent obscure, sur une partie des questions que soulève l'histoire de l'Étrurie, mais ce n'était
point une histoire des Étrusques.

En possession de documents amassés pendant ses dix
années de fouilles, de tous ceux qui durant le même temps
avaient pris place dans les recueils publiés en Italie et en
Allemagne, M. des Vergers reprit l'œuvre jusque dans ses
fondements. Il compulsa, au point de vue de l'Étrurie, tous
les écrivains grecs et latins, tâche d'autant plus ingrate que
la plupart des éditions d'auteurs anciens sont dépourvues
de bons index. La topographie, pour laquelle il avait une
aptitude toute particulière, lui fournit d'excellentes restitu-
tions de localités douteuses, et l'épigraphie latine lui ap-
porta, comme d'ordinaire, des lumières inattendues et des
jalons d'une certitude incontestable. Cette science, dont la

fécondité n'est pas encore généralement appréciée, lui a
permis plus d'une fois de redresser Tite-Live et de corriger
Tacite lui-même (D).

L'*Étrurie et les Étrusques* est un livre appelé à marquer
une phase de développement et de progrès dans la méthode
historique. Jusqu'à lui, dans l'étude des questions si obs-
cures d'origine et d'influence, on s'était laissé guider par des
témoignages insuffisants ou récusables sous le rapport scientifique, ou bien par la seule analogie, qui ne porte le plus
souvent en elle que la valeur d'une hypothèse probable.
D'autres fois, on avait mieux aimé s'abandonner à créer tout un
système d'explication basé sur un nombre très-restreint de
ces petits faits de détail, appuis fragiles que des documents
nouveaux viennent trop fréquemment renverser. Dans la
méthode que le livre de M. des Vergers inaugure, l'audace
de l'imagination, une généralisation hâtive même, est un
procédé inopportun et dangereux en matière d'archéologie
et d'histoire. D'autres avant lui, par exemple, avaient en-
trevu une part d'orientalisme dans les origines de l'Étrurie,
et par suite de Rome même, si fortement pénétrée et in-
fluencée par l'Étrurie, les uns faisant cette part très-large,
d'autres la réduisant à de minimes proportions. M. des
Vergers, en contrôlant les uns par les autres les témoignages fournis par les historiens, par les monuments de
représentation figurée, par la philologie, par l'écriture,
par l'art, a pu déterminer ce contingent primitif de civilisation orientale et le faire passer à l'état de doctrine
scientifique acquise et démontrée. On pourra donc, par la
suite des temps et grâce à de nouvelles exhumations de
monuments, ajouter à son travail, mais il sera difficile d'en
rien retrancher.

Il est un autre côté par lequel l'œuvre d'érudition de
M. des Vergers se recommande aux amis des bonnes et
fortes études. Beaucoup de savants et d'érudits des plus
éminents dédaignent l'ordre dans l'exposition, la clarté,
la perfection du style. Ils croiraient déroger et faire des-

*

cendre la science de son piédestal, si leur langage était accessible à tous, leurs conceptions à la portée d'autres personnes que leurs adeptes. Ils dédaignent toute page d'érudition qui n'est pas couverte d'ombres et de nuages, comme les énigmes du Sphinx ou les oracles de la Pythie. Il n'en est pas ainsi de M. des Vergers : tout ce qui est sorti de sa plume se dessine en pleine lumière, tout effort de compréhension est supprimé, même dans les matières les plus ardues, et l'on est tenté de faire hommage à la perfection de notre langue de cette transparente limpidité qui n'est que le chef-d'œuvre de l'écrivain. Quelquefois aussi, quand la narration le comporte, un récit, une description, toujours bien en leur place, sont attachants comme les tableaux les plus achevés d'histoire contemporaine : son art vous subjugue précisément parce que chez lui tout art a disparu.

Il nous est impossible de nous étendre sur les autres travaux de l'éminent archéologue. Ils sont tous marqués du même cachet de respect pour la vérité scientifique, de conscience dans la méthode, d'enchaînement des idées et des faits, de fini dans l'exécution. Tels sont les articles Adrien, Alexandre Sévère, Antonin, Auguste, Héliogabale, Horace, Marc-Aurèle, Néron, Titus, Trajan, dans la *Nouvelle Biographie générale* (E). On a remarqué également ses divers articles dans l'*Encyclopédie moderne* et plusieurs autres recueils.

M. Noël des Vergers était correspondant de l'Institut, membre de la Société des Antiquaires de France, du Conseil de la Société Asiatique, de la Société de Géographie, de l'Académie pontificale d'Archéologie, de la Société des Antiquaires de Londres, de l'Institut de Correspondance archéologique de Rome, et chacun des recueils de ces diverses Sociétés contient plusieurs de ses communications.

Parmi ses travaux restés inédits, qui sont, hélas! trop nombreux, il faut signaler un beau Mémoire sur les *Légats de la Grande-Bretagne*, question neuve qui eût comblé une

lacune de la science. Il avait aussi réuni un recueil des
inscriptions romaines de cette île. Il y a quelques mois à
peine, après avoir dépouillé et mis en ordre d'immenses
matériaux et toute la correspondance de Borghesi, il com-
mençait la rédaction de la notice sur l'illustre épigraphiste
italien qui devait être placée en tête de cette belle collection des œuvres qui fait tant d'honneur au Gouvernement
français (F).

L'Italie savante ne saura jamais toute l'étendue de la
perte] qu'elle vient de faire par la mort prématurée de
M. des Vergers. Il se préparait à lui restituer, en face de
l'Europe, des titres de gloire qu'elle ne se connaissait peut-
être pas elle-même. Il fallait entendre M. des Vergers,
dans ces derniers temps, raconter ses impressions, peindre
son émotion profonde en pénétrant de plus en plus dans
l'histoire de la science épigraphique en Italie, surtout dans
les débuts et les détails de cette longue carrière scientifique du patriarche de San-Marino. La foule ne l'avait pas
connu, car il ne descendait jamais, pour se mêler aux bruits
du monde, de cette retraite placée comme un nid d'aigle
au sommet d'un rocher ; mais, comme il recevait toutes les
communications scientifiques de la Péninsule et répondait
à toutes, aucun fait scientifique, aucune découverte italienne
n'avait passé inaperçue pour lui. Dès le commencement de
ce siècle, par un emploi rigoureux de toutes les minutes de
la vie, il avait réuni seul ce vaste faisceau de documents qui
composent un *corpus* d'inscriptions ou un recueil de médailles. La critique numismatique, épigraphique et archéologique était constituée dans l'enceinte de son cabinet. De
là partaient comme du foyer permanent de l'érudition ces
mémoires, ces notes, ces articles disséminés dans les recueils scientifiques de l'Italie, et cette correspondance qui
éclairait sur tant de points le vaste champ dont l'Allemagne
allait bientôt s'emparer avec autorité. M. des Vergers s'éton-
nait que Borghesi, complétement étranger aux travaux de
l'Allemagne et même à sa langue, mais aidé seulement

d'une parfaite connaissance du latin et du grec, eût donné
pour une foule de problèmes des solutions que les docteurs
de la Confédération du Nord ne sauraient réformer.

Il appartenait à un disciple comme M. des Vergers, qui
s'était si fortement épris de sa tâche, d'être, au profit de la
France, le vulgarisateur et l'interprète de l'érudition italienne représentée par Borghesi. Mais c'eût été une ligne
scientifique plus ingrate et plus difficile à tenir qu'on ne le
croirait sans doute.

Ce dégagement de toute école scientifique constituée,
autre que la tradition de Borghesi, explique peut-être la
position un peu isolée de M. des Vergers au milieu de la famille, j'allais presque dire de la congrégation scientifique.
N'acceptant les travaux de l'Allemagne que sous bénéfice
d'inventaire; admirant sans effort ce qu'il y a de fécond et
de puissant dans son génie, dans son opiniâtreté superbe,
dans sa curiosité infatigable, il était disposé à lui faire la
part large, mais non pas à tout lui céder, parce que tout
ne lui appartient pas. Ce sage esprit voulait contrôler, et
non s'enrôler. Noble exemple, précieux à recueillir pour
la gloire de l'érudition française, mais qui isole, qui laisse
le vrai talent dans une sorte de crépuscule, qui ne force
pas les portes des sanctuaires académiques, mais qui pré-
pare les réhabilitations de l'avenir et que l'avenir seul
devra consacrer.

Bien que la carrière scientifique de M. des Vergers n'ait
pas eu sa plénitude et son couronnement, il a été heureux cependant. Il a eu toutes les joies qui naissent du
sentiment de la dignité personnelle et cette satisfaction
intérieure que procure un bon esprit. Peu fait pour la
lutte, pour la sollicitation, pour les petites menées qui ne
sont peut-être pas complétement inconnues dans le monde
de la science, il a mieux aimé attendre son heure que
de la faire sonner en avançant subtilement l'horloge. Il
a vu d'un front serein, et le sourire de la bienveillance
sur les lèvres, se dérouler devant ses yeux le spectacle

changeant, quoique toujours le même au fond, du tracas des vanités et des ambitions de ce monde. Ceux qui l'ont connu dans l'intimité savent que ce sourire du gentilhomme accompli n'était pas exempt parfois d'une nuance de gracieuse malice, et que, en sa qualité d'habile numismate, personne ne savait tourner d'une main plus fine et plus délicate le revers de toutes les médailles.

Comme il était d'un extérieur séduisant, d'une politesse exquise, bon pour tous, aimable pour les petits, sympathique et accessible à toutes les infortunes, il a été profondément estimé, ardemment aimé de tout ce qui l'entourait. Je ne saurais parler ici de sa compagne chérie : il y a des grâces du cœur et de l'esprit d'une trempe si délicate que le regard du monde ne doit même pas les effleurer ! Tout ce que la famille a donné de bonheur à M. des Vergers, il le lui a noblement rendu. Il n'y a pas de succès scientifiques, de démarches importantes, d'efforts utiles à sa gloire personnelle qu'il n'eût abandonnés, sans hésitation, sans regret, pour se rendre auprès de sa femme ou de ses enfants, ou seulement pour passer une heure de plus dans cette heureuse intimité du foyer domestique, qui pour lui avait plus de prix que tout le reste de la vie.

Cette disposition constante de sa nature à la bienveillance et à l'amitié, ce facile renoncement aux jouissances de l'ambition, sont sans nul doute l'indice d'une sincère modestie. Peut-être eût-il mieux valu pour lui, ou du moins pour sa gloire, de posséder la confiance en soi qui s'impose, ou bien ce stylet à double tranchant qui grave et qui déchire. Mais son œuvre y eût perdu pour nous quelque chose : l'influence irrésistible d'une pensée toujours sereine comme la vérité et la raison même, et le charme de ce souvenir exempt de toute amertume qui nous ramène à son livre, à défaut de l'ami qu'on ne reverra plus.

Paris, le 5 janvier 1867.

NOTES EXPLICATIVES.

(A)

Immédiatement après la mort de l'illustre Borghesi (15 avril 1860), M. Ernest Desjardins fut envoyé par ordre de l'Empereur auprès des héritiers du défunt, afin d'examiner la nature et l'étendue des travaux laissés par ce dernier, en vue d'une publication projetée de ces monuments scientifiques aux frais de la liste civile ; mais les négociations entamées éprouvèrent des difficultés, et M. des Vergers, chargé d'une mission ministérielle à cet effet, dut les reprendre à son tour. Il eut le bonheur de les conduire à conclusion.

En vertu d'un contrat passé le 21 décembre 1861 entre M. Noël des Vergers, délégué à cet effet par le ministre de la maison de l'Empereur, et M. le comte Manzoni, exécuteur testamentaire de l'illustre épigraphiste, ses œuvres ont été confiées à une commission spéciale, nommée par l'Empereur et dont M. des Vergers faisait partie.

M. des Vergers a pris une part très-active à la préparation du texte des volumes publiés. Il a partagé ce travail avec M. Léon Renier, qui s'était réservé la partie épigraphique, tandis que M. des Vergers s'occupait·des mémoires de numismatique. Tous deux ont centralisé les corrections des membres étrangers de la commission et vérifié toutes les citations. M. des Vergers s'était chargé de préparer les tableaux analytiques des magistrats des provinces de Bretagne.

(B)

La première idée de réunir en un recueil unique toutes les inscriptions grecques et latines appartient à deux célèbres épigraphistes du dernier siècle, Scipion Maffei et Jean-François Seguier, qui exposèrent le plan de cette vaste entreprise dans un prospectus publié en 1732. Des travaux d'un autre ordre détournèrent le savant italien de réaliser son projet, mais son infatigable collaborateur laissa en manuscrit l'index préparatoire de ce grand travail.

Pendant près d'un siècle, à partir de cette époque, aucune tentative semblable ne se produisit dans le domaine de la science lapidaire. Cependant le
nombre croissant des travaux sur l'épigraphie, la publication des collections
locales rendaient plus urgente encore, au nom des intérêts de l'histoire, la
fusion de ces matériaux précieux, seuls capables de projeter quelque lumière
sur les ténèbres de la vie politique, militaire et administrative des peuples de
l'antiquité. L'entreprise, par suite d'exhumations incessantes de monuments,
prenait des proportions gigantesques : les particuliers reculaient devant cette
tâche ardue et l'attention des gouvernements était appelée ailleurs.

En 1827, l'Académie de Berlin résolut de réaliser en partie le projet de
Maffei et chargea le savant Bœckh de publier le *Corpus inscriptionum græca-
rum*. Ce grand recueil, accueilli dans le monde savant avec enthousiasme, fit
plus que jamais sentir le besoin d'un travail pareil pour les inscriptions latines. Un jeune savant danois, Olaüs Kellermann, animé du noble désir d'éri-
ger un monument impérissable à la science épigraphique à laquelle il consacrait
toute l'activité de sa jeunesse, n'hésita pas à se déclarer prêt à accomplir cette
grande tâche.

Soutenu dans sa généreuse entreprise par les encouragements du comte
Borghesi, qui mit à sa disposition toute son expérience, acquise par de longues et consciencieuses investigations, Kellermann obtint sans difficultés le concours efficace des Académies de Copenhague, de Berlin et de Munich. C'était
en 1835. Deux ans plus tard, quand les travaux préparatoires étaient déjà fort
avancés, la mort arrêta le jeune épigraphiste dans sa carrière, et avec lui
s'évanouit pour la seconde fois l'espoir de parvenir à la réalisation d'un des-
sein reconnu de si haute importance.

Partie ainsi du midi et du nord de l'Europe, l'idée pénétra en France. En
1843, M. Villemain, alors ministre de l'Instruction publique, voulut glorifier
son pays en face de l'Europe, par la vaste publication des inscriptions latines
de l'Empire romain. « Il semble, disait-il, que la France qui a conservé dans
sa langue, dans ses mœurs, dans ses lois, tant de vestiges de la civilisation romaine, est particulièrement appelée à ce travail. »

Une commission, composée de l'élite des érudits français, sous la présidence
de l'illustre Letronne, fut chargée d'élaborer le plan du recueil et d'en surveil-
ler la publication. Les travaux d'exécution commencèrent à la Bibliothèque
impériale sous la direction exercée, au nom de la commission, par M. Egger,
qui publia un excellent rapport sur le classement et l'ordre des matériaux.
Mais déjà, l'année suivante, l'État reculait devant l'énormité des frais, et
résolut de continuer l'œuvre par l'entremise de l'industrie particulière. Personne n'était plus à la hauteur de cette tâche hérissée de difficultés que
M. Ambroise-Firmin Didot, qui avait su diriger et conduire à bonne fin plusieurs publications dont la France s'enorgueillit à juste titre. Il accepta sans
hésiter la proposition de M. Villemain de publier le *Corpus* à ses risques et
périls, sous la condition d'une souscription ministérielle de 250 exemplaires.
L'ouvrage devait contenir 80 livraisons petit in-folio de 40 feuilles, et l'impression devait durer 26 ans, aux termes de l'arrêté ministériel. Le nombre des

inscriptions à relever et à classer se montait à 80,000 environ. Le gouvernement disposait de ce tirage entier et s'engageait à payer chaque livraison au prix de 24 francs. On réservait à MM. Didot le droit de faire exécuter un tirage sur petit papier et au prix minime de 8 fr. la livraison pour les professeurs et les membres de l'Université. Il est bon d'observer que dans ces conditions les frais d'établissement du manuscrit étaient si considérables, que l'opération n'était que strictement rémunératrice des immenses déboursés qu'elle eût nécessités.

Aussitôt, M. Didot se mit à l'œuvre avec le zèle et l'activité que le monde savant lui connaît. Il se rendit à Saint-Marin, auprès de M. Borghesi, pour s'assurer son concours et celui des savants les plus éminents de l'étranger. M. Borghesi lui envoya immédiatement un certain nombre d'inscriptions archaïques inédites. M. Didot fit lui-même plusieurs voyages et créa un centre de rédaction en rassemblant dans un local, adapté à cet effet, une bibliothèque épigraphique aussi complète que possible. Plusieurs savants travaillèrent pendant un an, chez MM. Didot et à leurs frais, sous la direction de M. Egger, à la préparation du manuscrit.

M. Noël des Vergers s'associa alors activement aux efforts de son beau-père pour l'exécution de cette œuvre monumentale. Guidé par les conseils de l'illustre Borghesi, il organisa, en vertu d'une mission du gouvernement français, en Italie même, les travaux qui devaient mettre aux mains de la Commission d'épigraphie les matériaux indispensables. Il traduisit en italien les documents publiés par cette commission, les fit imprimer et distribuer aux Académies ou Sociétés savantes de toute la Péninsule. Il s'entendit avec M. Henzen, secrétaire de l'Institut archéologique de Rome, pour parcourir l'Ombrie et le Picenum, vérifier toutes les inscriptions déjà publiées, relever toutes les inscriptions inédites et faire faire des copies des manuscrits épigraphiques importants qui se trouvaient dans les bibliothèques publiques et particulières. L'ardeur de M. des Vergers était inépuisable, et les savants archéologues italiens répondirent favorablement à l'appel qu'il fit à leur amour de la science.

En 1845, les travaux étaient en pleine activité, et MM. Didot consignèrent dans une circulaire les efforts tentés jusqu'à cette époque en vue d'éveiller de nouvelles sympathies en faveur de l'entreprise et de remercier en même temps les amis de la science qui avaient offert et donné leur concours. Peu de temps après, lorsque M. Ambroise Didot était en Angleterre, pour recueillir à Oxford et au British Museum des documents dont la possession devait hâter l'apparition des premières livraisons, un changement de ministère eut pour conséquence d'entraîner de profondes modifications dans les travaux de la Commission. MM. Didot furent bientôt informés des difficultés que le nouveau ministre M. Salvandy éprouvait de la part de la commission du budget de la Chambre des députés pour faire exécuter la décision prise par son prédécesseur. Cependant on reconnut la nécessité de ne pas renoncer, d'une manière absolue, à une publication annoncée solennellement au monde savant par le gouvernement de la France. Le ministère proposa donc à MM. Didot de publier l'Index de Seguier et la bibliographie épigraphique recueillie par ses soins, en leur offrant une souscription s'élevant à soixante mille francs. Cette publication d'un Index, isolée de l'ouvrage même auquel elle devait servir de base, ne parut pas aux éditeurs opportune et en rapport avec le programme que l'on s'était proposé.

Cependant.MM. Didot, dans leur dévouement à la science, ne voulaient pas abandonner le projet de donner au monde savant le recueil promis. Sans avoir égard aux frais considérables que devait entraîner une telle publication privée du concours de l'État, ils exprimèrent au gouvernement, par une lettre datée de 1846, le désir d'exécuter le Recueil général des inscriptions latines, en ne lui demandant que l'allocation de la somme de soixante mille francs, offerte pour l'impression du Catalogue de Seguier, mais en se réservant le droit d'accepter les offres d'autres gouvernements. Un Mémoire rédigé par M. des Vergers, exposant l'importance de cette publication et l'historique des efforts tentés à ce sujet dans d'autres pays, fut présenté au ministère. Cette proposition allait être approuvée, lorsque les événements politiques de 1848 vinrent ajourner forcément tout projet littéraire.

La persévérance de MM. Didot survécut à cette grande crise. En 1856, ils adressèrent au ministre de l'Instruction publique une lettre dans laquelle ils firent une dernière tentative afin de dérober à l'Allemagne une partie du moins de la gloire de donner le *Corpus*, car le gouvernement prussien avait déjà adopté le projet de publier à ses frais cette œuvre si ardemment attendue. Ils offrirent d'entreprendre la publication des inscriptions de l'Italie, sauf le royaume de Naples, celles de l'Espagne et de l'Afrique septentrionale, sous la seule condition de la souscription de soixante mille francs consentie précédemment. Cette proposition ne put aboutir, et MM. Didot durent subir une déception définitive après les sacrifices qu'ils avaient faits pour cette grande entreprise.

On comprendra quelle influence cet échec a dû avoir sur l'avenir scientifique de M. des Vergers, si bien préparé, on le sait, pour prendre une part importante à l'œuvre projetée.

(C)

Ces belles peintures, dont l'une représente le sacrifice fait par Achille des prisonniers troyens en présence de l'ombre de Patrocle, et l'autre la délivrance de Célès Vibenna par Servius Tullius, ont beaucoup souffert depuis l'époque où M. des Vergers en fit faire le dessin qui a servi à la gravure des planches contenues dans l'Atlas de son ouvrage *l'Étrurie et les Étrusques*. Le territoire de Nulci appartient au prince Alessandro Torlonia, un des plus riches propriétaires de l'Italie, et les peintures de la crypte furent réclamées, en son nom, comme propriétaire du fonds. Le père Garrucci, savant jésuite romain, eut, dans ces derniers temps, la pensée, qu'il fit accueillir par le gouvernement pontifical, de faire scier les pans de muraille que recouvrent les peintures, afin de les transporter en bloc au Musée du Vatican. Quelque soin qu'on ait apporté à cette difficile opération, les précieuses fresques, déjà attaquées, depuis l'ouverture de la crypte, par l'humidité qui règne à 16 mètres de profondeur, s'écaillèrent par grandes plaques et tombèrent en poussière, du moment qu'elles se trouvèrent soumises à l'action de l'air. On s'est donc mis en mesure de leur faire subir une restauration qui équivaut à un repeint presque complet. Heureusement pour la science, M. Ambroise Didot possède un calque, de grandeur naturelle, d'une parfaite exactitude, fait par un des plus habiles peintres de l'Italie avant que les fresques eussent été détériorées, et ce calque reproduit non-seulement les parties publiées des peintures de la crypte, mais encore tous les autres détails de son ornementation. Les couleurs de l'original y sont indiquées avec le plus grand soin.

Il suffit de jeter un coup d'œil sur les belles planches de l'Atlas de l'*Étrurie* pour comprendre l'importance de la collection de vases peints et de bijoux que M. des Vergers avait pu se procurer par ses fouilles. Voici comment il avait procédé pour que les plus beaux spécimens de l'art étrusque ou grec restassent en sa possession. Il était convenu que les frais des excavations exécutées par M. François demeuraient à la charge de M. des Vergers, qui assistait à l'ouverture des chambres sépulcrales qui venaient à être découvertes. Il devait y avoir en outre partage entre lui et l'excavateur du lot total des objets trouvés dans leur intérieur. M. des Vergers, le plus souvent, s'arrangeait de gré à gré avec son auxiliaire pour faire rentrer dans sa part personnelle les vases peints les plus curieux, les rhytons, les bronzes, les bijoux les plus intéressants. C'est ainsi que s'expliquent la beauté, l'originalité, le choix des monuments de ce genre composant la collection de M. des Vergers, déposée, en ce moment, dans un local appartenant à **MM.** Firmin Didot et que le public sera bientôt appelé à visiter. M. des Vergers, dans une *Notice sur le Musée Napoléon III*, insérée dans la *Revue contemporaine* du 31 mai 1862, a donné sur les fouilles faites en Étrurie, et sur les siennes particulièrement, ainsi que sur les terres cuites, les vases, les bronzes, les bijoux, des notions aussi neuves que curieuses au point de vue de l'histoire de l'art chez les anciens.

(D)

M. Beulé, de l'Académie des inscriptions, a consacré dans le *Journal des Savants* (novembre 1864, janvier et mars 1865) une belle et profonde étude au grand ouvrage de M. des Vergers. Grâce à une si consciencieuse analyse, la tâche des biographes est notablement simplifiée. Il est inutile, après le docte secrétaire perpétuel de l'Académie des beaux-arts, de revenir sur la première partie de l'ouvrage qui traite de la description des maremmes et qui constate, à l'aide des procédés de la critique historique, l'emplacement des principales cités étrusques et les profonds changements qu'ont subis l'aspect et le sol même de la contrée depuis la conquête romaine. Dans la seconde partie, les investigations de M. des Vergers confirment, sinon la légende rapportée par Hérodote au sujet d'une émigration de Lydiens dans les plaines arrosées par la

Marta, du moins l'origine asiatique des premières colonies qui prirent possession de l'Étrurie sur les Ombriens et les Latins, et fondèrent les douze lucu-
monies du centre. Il démontre très-bien le peu de fondement de l'opinion de
Denys d'Halicarnasse qui croyait les Tyrrhéniens autochthones. Dans les chapitres suivants, il expose la formation de la confédération des douze cités au-
tour d'un centre primitif de civilisation qui dut être Tarquinies, dont Tarchon
est le héros éponyme. Grâce aux renseignements donnés par Censorinus sur
l'ère des Étrusques, confrontés avec un témoignage de l'aruspice Vulcatius sur
le commencement du dixième siècle étrusque, M. des Vergers trouve que l'année 291 avant la fondation de Rome (1044 av. J. C.) est la date approxima-
tive de l'époque à laquelle les traditions de l'Étrurie faisaient remonter son
origine. Les chapitres suivants traitent de l'extension des Étrusques dans les
plaines du Pô et dans la Campanie. L'auteur étudie ensuite les relations com-
merciales de l'Étrurie avec la Phénicie, avec la Grèce, avec Carthage. Le
premier volume se termine par un coup d'œil sur les institutions politiques
des Étrusques et un savant exposé de leurs doctrines religieuses. Cette partie
de l'œuvre de l'archéologue de Rimini est véritablement traitée de main de
maître. Les peintures, les miroirs, les vases, les inscriptions funéraires lui ont
fourni un contingent très-précieux de documents qu'il a su mettre en œuvre
avec une habileté consommée, pour restituer, en s'aidant du secours des my-
thographes grecs et latins, les lois de l'aruspicine étrusque, de la science ful-
gurale, et les origines de ces divinités que la superstitieuse Étrurie a trans-
mises aux Romains. Le nom de Minerve par exemple est étrusque. Le culte
des Pénates, des Lares, des Mânes, a été puisé par Rome à la même source.
C'est à cette mystérieuse sanctification de la mort chez les Étrusques qu'est
due probablement la coutume d'enfermer les morts, entourés de tout l'appa-
reil d'un banquet, dans des édifices souterrains placés à de grandes profondeurs et murés ; coutume à laquelle nous devons les précieux vestiges de l'art
grec et italiote, échappés ainsi aux ravages de l'homme et du temps.

Le tome II est consacré à l'histoire de l'Étrurie depuis la fondation de Rome
jusqu'aux dernières époques où il soit possible de rencontrer des traces de la
nationalité étrusque, c'est-à-dire jusqu'au quatrieme siècle de notre ère.

On sait que la critique moderne, particulièrement depuis l'ouvrage de
Beaufort, a révoqué en doute la plus grande partie des récits des annalistes
romains sur toute la période antérieure à la prise de Rome par le brenn et
ses Gaulois. En effet, les annales avaient péri dans l'incendie et le pillage de
la ville, et les historiens du siècle d'Auguste n'ont pu s'appuyer que sur des
légendes, sur des fragments de poëmes populaires où la vérité se trouvait
singulièrement dénaturée par le mirage de la vanité nationale. Un des événements les plus difficiles à expliquer pour eux était l'établissement sur le
trône de Rome de lucumons venus de Tarquinies.

« Les Grecs, dit M. Beulé dans le savant mémoire cité plus haut, qui ont
mis leur imagination féconde au service de l'orgueil romain et ont embelli les
origines de Rome de fictions copiées sur leurs propres fictions, ont trouvé juste
de se faire leur part. Un exilé de Corinthe (Démarate), qui devient lucumon en

Étrurie et dont le fils (Lucius Tarquin) devient roi à Rome, qu'est-ce autre chose que la personnification du génie grec pénétrant l'Étrurie, asservissant Rome, et dominant, par la communication des arts et des modèles grecs, les deux civilisations qui dans l'antiquité ont pu rivaliser avec la civilisation hellénique? Plus on étudie les premiers siècles de Rome, plus les sources historiques paraissent contestables, qu'elles soient grecques ou romaines. Les annalistes anonymes qui ont précédé Tite-Live ne sont pas plus dignes de foi que les archéologues complaisants de la décadence; la seule différence, c'est que la vanité romaine est plus violente que la vanité grecque et qu'elle est moins contenue, je ne dis pas par l'amour du vrai, mais par le souci de la vraisemblance.

« Pour échapper au scepticisme absolu, en présence de documents absurdes ou contradictoires, il faut s'élever au-dessus des détails, considérer l'ensemble des faits et surtout des faits archéologiques, parce qu'ils n'ont pas été altérés par les historiens, qui n'y attachaient point d'importance, parce qu'ils sont justifiés, étendus, complétés, par la comparaison des monuments, autre témoignage d'autant plus sincère qu'il est indirect. De ces faits et de l'étude des monuments ressort une vérité qui sera tous les jours plus sensible, c'est que Rome, à peine fondée, à peine accrue de manière à mériter l'attention, est devenue une ville étrusque, étrusque par la religion, par les arts, par la civilisation, et, il faut l'avouer aussi, par la conquête. Ce n'est point amoindrir le génie latin que de reconnaître qu'il a reçu une éducation, subi un joug salutaire, accepté des modèles qu'il devait surpasser. La vitalité et l'originalité de la race latine ont survécu à ces épreuves; que dis-je? elles ont grandi en les traversant. C'est ainsi que certains fleuves ne paraissent se perdre dans des lacs immenses que pour continuer leur course avec des eaux plus pures et plus abondantes. Rome devait réagir bientôt, absorber l'Étrurie, comme la Grèce, son autre mère; sa grandeur n'est pas diminuée parce qu'elle a connu des maîtres avant d'acquérir l'empire du monde. »

Après l'expulsion des Tarquins de Rome, l'influence étrusque a-t-elle cessé dans la cité des Quirites? S'il en est ainsi, ce fut pour peu de temps, car le roi de Clusium Porsenna assiégea et prit Rome, et ce ne fut que cent ans après cette expédition que les Romains purent commencer à relever la tête et à se mesurer avec une ville étrusque, la cité des Véiens. « C'est en présence de ce grand fait de la prise de Rome par le lars Porsenna, ajoute M. Beulé, que l'orgueil latin se révolte et que les historiens tissent habilement leurs mensonges. Mais ni les légendes héroïques de Mutius Scævola, d'Horatius Coclès, de Clélie, ne désarment la critique moderne, ni la confusion ni les réticences calculées des annalistes ne l'égarent. Rome a été réduite par les Étrusques, elle a été prise, elle est rentrée dans l'obéissance. Et ce sont les Romains eux-mêmes qui l'avouent, tard, il est vrai, à l'époque impériale, et leurs aveux sont détournés ou involontaires! Quand ils nous font savoir, par exemple, que le sénat envoya à Porsenna le trône d'ivoire, le sceptre, la couronne, la robe de pourpre, qui étaient les insignes de la royauté, ils ont beau ajouter que c'était pour le remercier d'avoir généreusement levé le siége, nous jugeons ces puérilités bonnes pour les romans de Scudéri, et nous discernons qu'un tel hommage était un acte éclatant de soumission. Tacite, le grand et véridique historien, laisse échapper la vérité dans un mouvement d'indignation qui emporte sa pensée loin des Étrusques et des fictions officielles dont ils étaient le sujet. En déplorant l'incendie du Capitole par la faction de Vitellius, il s'écrie qu'une semblable profanation n'avait jamais été commise, ni lorsque les Gaulois s'étaient emparés de la ville, ni lorsqu'elle *s'était rendue à Porsenna*. Pline est plus explicite encore, parce qu'il n'est ni un politique ni un historien; il parle en naturaliste qui n'est préoccupé que d'un détail qui touche à l'histoire des métaux. *Dans le traité que Porsenna accorda au peuple romain*, dit-il, *nous trouvons cette clause expresse que les Romains renonceraient à l'usage du fer, excepté pour cultiver la terre.* Ils livrèrent, par conséquent, aux Étrusques, non-seulement leurs armes, mais tout le fer qu'ils possédaient, sauf les socs de charrue et les instruments nécessaires à l'agriculture. Quelle condition est plus injurieuse et dénote un plus complet abandon? Ce traité faisait partie peut-être des archives que Vespasien ordonna de rechercher et de réunir dans toutes les parties de l'Italie : Pline et Tacite connurent donc une pièce qui était cachée à tous les yeux au temps de Tite-Live.

« Du reste, qu'on lise dans Tite-Live l'explication de la vente fictive *des biens de Porsenna*, les négociations à la suite desquelles le roi de Clusium abandonna Tarquin, les otages rendus par ce prince, les soins merveilleux dont les Romains entourent l'armée étrusque battue par les troupes de Cumes, la nomination de deux dictateurs, à cinq ans d'intervalle, qui s'appelaient *Lars* ou *Larcius*, quand ce titre de *lars* indique, chez les Étrusques, la suprématie, et appartient aux plus nobles personnages; que l'on tire les conséquences du témoignage même des Romains, de leurs commentaires embarrassés, de leurs contradictions flagrantes, et l'on saura nettement ce qu'il faut croire. »

Dans ce rapide aperçu, il nous est impossible de suivre M. des Vergers dans la peinture si solide et si brillante à la fois qu'il a faite du siége de Véies en s'appuyant, à l'occasion, des documents archéologiques; de l'état des trois confédérations circumpadane, du centre et de la Campanie pendant la longue période de lutte terminée par la seconde bataille de Vadimon et la conquête définitive de l'Étrurie par les armes romaines. Deux beaux chapitres, d'un caractère original très-remarquable, terminent ce volume : l'un présente la situation de l'Étrurie sous la République et pendant les guerres civiles; l'autre la condition de cette province sous l'Empire. M. Beulé a fait de cette partie une analyse qui dispense d'y revenir ici.

Dans le tome III, de format in-folio, qui réunit les planches avec leur description, M. des Vergers a réuni toutes les inscriptions latines relatives à l'Étrurie. La description des vases peints de sa collection, pour laquelle il s'est aidé de l'expérience de M. le baron de Witte, ajoute un vif intérêt aux belles reproductions qui eussent été souvent inintelligibles sans un pareil secours. A propos des peintures murales de la tombe Campana à Cære et de la décoration de la tombe découverte par M. François et lui à Vulci, il a donné

des notions aussi neuves qu'intéressantes sur l'art de l'excavateur et l'historique des fouilles. Une carte archéologique dressée avec le plus grand soin
permet de suivre sur le terrain l'emplacement des nécropoles. Un chapitre
entier est consacré à la bijouterie étrusque.

Mais la partie peut-être capitale de ce dernier volume est une dissertation
en 25 grandes pages in-folio sur la langue et l'alphabet étrusques. M. des Vergers, après avoir médité et passé au creuset de l'application les différents
systèmes philologiques proposés pour le déchiffrement des inscriptions étrusques, arrive à cette conclusion qu'aucun idiome pris isolément, tel que le grec,
comme l'avait proposé Lanzi, l'hébreu, selon le père Tarquini et M. Stickel,
le sanscrit, selon M. Bertani, les dialectes celtiques, selon M. Alfred Maury,
le basque, etc., ne peut suffire à donner la clef des vocables, des flexions et des
formes syntaxiques de la langue tusque. Après avoir rapporté plus complète-
ment qu'on ne l'avait fait avant lui la liste des mots déjà connus et celle des
inscriptions bilingues, trop peu nombreuses malheureusement et trop peu
importantes, il constate avec regret cet échec de la science philologique, qui
tient sans doute à l'extrême rareté de monuments autres que des inscriptions
funéraires contenant des noms propres. Les plus habiles linguistes eux-mêmes
de l'Allemagne et de l'Angleterre, dans cette pénurie de matériaux probants,
ont renoncé à déterminer auquel des deux groupes de langues aryennes ou
syro-arabes l'idiome étrusque doit être rapporté. Il est vrai qu'on ne semble
pas avoir encore tenté la confrontation avec les langues du groupe touranien.

Dans cet état de la question, ne pouvant recevoir de la langue les secours
qu'on en obtient souvent pour la connaissance de l'histoire, M. des Vergers a
cru devoir chercher dans l'histoire quelque lueur propre à faire reconnaître
les révolutions du langage.

« Remarquant la communauté des produits qui rattache l'industrie étrusque
à l'industrie orientale, autorisé par le témoignage bien connu d'Hérodote, qui
établit une parenté entre les Tyrrhènes et les Lydiens, rattachant les Lydiens
eux-mêmes à la haute Asie, M. des Vergers suppose que l'émigration qui a
formé le principal élément du peuple toscan a apporté une langue mélangée
de mots appartenant à un autre idiome. En outre, cette émigration se ren-
contra, dans sa nouvelle patrie, avec la race des Ombriens, dont le contact a
dû modifier un élément déjà complexe. De sorte qu'on pourrait s'expliquer
par ces mélanges successifs la difficulté, pour ne pas dire l'impossibilité de
trouver une individualité saillante dans le langage des Étrusques, tel que les
monuments nous le laissent entrevoir. Il est également interdit jusqu'ici à nos
efforts de reconstituer la langue d'une manière absolue et d'établir sa parenté
immédiate avec l'idiome connu d'autres nations; or M. des Vergers croit que
cette impuissance des philologues doit être attribuée à la confusion même de
l'étrusque, où les éléments les plus divers, soit dans les procédés grammaticaux,
soit dans les vocables, cachent la source véritable et les signes de race : « Si
« l'histoire de la triple confédération, ajoute l'auteur, nous l'eût fait connaître
« comme formant une population homogène, impénétrable aux influences du
« dehors; si son système religieux, simple, national, nous eût paru repousser

« toute intrusion étrangère ; si le système politique rigoureusement constitué
« n'y eût jamais eu recours qu'à lui-même et se fût défendu contre les impor-
« tations d'idées nouvelles, nous pourrions nous attendre à constater en
« Étrurie l'existence d'une langue bien déterminée, dont le caractère, reflet
« de l'unité de race, n'aurait eu à subir que les modifications amenées par le
« temps, les relations extérieures ou le développement de la civilisation. Tout
« au contraire, nous avons vu que des races différentes se trouvaient agrégées
« sur le même territoire. Les liens de la fédération, qui n'eurent peut-être
« jamais une grande cohésion, se relâchèrent de bonne heure. Les traditions
« religieuses furent empruntées en partie à des éléments venus du dehors.
« Symboles de l'Orient, mythes de la Grèce, dieux italiotes, se rencontraient
« dans le panthéon étrusque. L'art lui-même participait, en Étrurie, de cette
« sévérité opposée aux caprices de la fantaisie, de ce réalisme inflexible que
« l'on rencontre chez quelques races orientales, adoucis et mitigés par les
« gracieuses fictions de la Hellade. Il semble que le tour d'esprit sérieux par-
« ticulier aux Sémites ait sa part à réclamer dans le tableau de la civilisation
« étrusque, où des éléments aryens ont joué un rôle important, quoiqu'on ne
« puisse citer un fait ethnographique bien constaté à l'appui d'une théorie
« d'éclectisme qui se forme à l'aspect des nécropoles étrusques et se sent
« mieux qu'elle ne saurait s'exprimer. »

Renonçant ainsi à regret à l'espoir de puiser dès à présent dans les inscriptions étrusques des notions directes sur leur histoire, M. des Vergers a pensé
qu'une étude approfondie de leur écriture, comparée à celle des autres races
de l'ancien continent, pourrait l'amener à des résultats plus heureux sur l'o-
rigine de leur civilisation. Ses persévérantes recherches l'ont conduit, en effet,
à un résultat d'une haute portée, et qui contr dit l'opinion que s'étaient formée Otfried Müller et M. Mommsen (*Die Unteritalischen Dialekte*) sur l'origine de l'écriture en Étrurie.

Voici comment M. des Vergers expose lui-même les conclusions de cette
partie importante de son travail :

« C'est une longue histoire, dit-il, que celle de la merveilleuse découverte qui vint, en figurant la parole, donner une forme stable à la
pensée et transmettre aux générations nouvelles l'expérience acquise par les
générations passées. Adoptée à une époque reculée chez tous les peuples rive-
rains de la Méditerranée, l'écriture alphabétique a subi de la part des différentes races qui s'empressaient à la recevoir quelques modifications en rapport
avec le génie de la langue qu'elle devait peindre, et chacune entreprit bientôt
de tailler ce modèle unique sur le moule de l'idiome auquel elle avait été con-
duite par ses aptitudes. Le développement de l'alphabet se compose donc de
cette longue série de transformations qu'il faudrait pouvoir suivre à travers les
ténèbres de son origine ou les demi-lueurs des premiers temps historiques.
Trop souvent, il est vrai, les documents nous manquent ou n'apparaissent
qu'à une époque trop éloignée de la date de l'invention. Mais cette invention
était si belle à sa naissance, elle répondait si bien à ce qu'il y a de plus social
et de plus expérimental dans l'esprit humain, que, malgré ses métamorphoses

partielles, son type primitif est resté saisissable à travers les siècles. C'est la
notre pierre de touche, et sous les changements amenés par le besoin d'exprimer des inflexions nouvelles, de marquer d'un signe différentiel les caractères
qui auraient pu se confondre, de les adapter aux influences de l'organe ou du
climat, nous retrouvons l'alphabet des Sémites et nous nous en servons comme
d'un jalon pour mesurer la route parcourue depuis le point de départ.

« L'étude approfondie du langage aurait été sans doute le moyen le plus efficace de remonter jusqu'aux origines de l'Étrurie; car la langue porte et garde
longtemps l'empreinte personnelle que lui imprime chacune des fractions de
l'humanité : ici elle nous a fait défaut. Contentons-nous de reconnaître chez
les Étrusques les traces profondes d'une communication des plus précoces avec
l'Orient, soit par la forme de l'écriture, soit par le sens qu'elle affecte, soit
par cette gamme de sons et de signes correspondants, cette analogie des sifflantes, cette absence de notation pour certaines voyelles qu'il nous semblerait peu naturel d'attribuer à l'amoindrissement d'une écriture plus riche à
son début, ainsi que nous devrions le faire si les Étrusques avaient emprunté
l'alphabet de Bomarzo tout entier, à l'alphabet hellénique inscrit sur le vase
de Cære. L'admirable génie de la Grèce ne faisait pas les choses à demi, et si
les Grecs eussent doté les Toscans d'un alphabet de vingt-cinq lettres, nous en
trouverions d'autres traces en Étrurie que le syllabaire de Colle ou celui de
Cervetri. Ce dernier d'ailleurs n'ayant pas été trouvé (comme M. Mommsen
l'avait cru à tort) dans la tombe (dite Regulini-Galassi) que sa construction ogivale et ses bronzes archaïques font remonter à une très-haute antiquité, nous
n'avons aucune raison de lui attribuer une ancienneté exceptionnelle. Nous
restons donc en présence d'un alphabet où chacune des lettres empruntées à
la Phénicie, à l'exception de l'I, est plus voisine de celles qu'avaient adoptées
les Sémites dans leur merveilleuse conception d'une représentation graphique
de la voix que ne le sont celles dont les Grecs faisaient usage. Ce sont les caractères ainsi formulés qu'on peut croire apportés ou reçus directement de
l'Asie, sans que l'intervention de la Grèce nous apparaisse de toute nécessité
comme médiatrice entre l'Orient et la péninsule italique. Quant aux lettres,
en petit nombre, qui sont venues compléter l'alphabet toscan, les Étrusques
en ont inventé au moins une et peut-être emprunté les autres à ces colonies chalcidiennes avec lesquelles ils se trouvèrent dans un contact immédiat et précoce en Campanie. Disons-le donc en terminant : ce que la tradition nous avait appris, ce que les monuments nous enseignent relativement à
ce composé bizarre d'influences asiatiques incontestables et d'enseignements
venus de la Hellade qui forma la civilisation des Étrusques, est confirmé par
l'étude de l'écriture ou le rapprochement des alphabets. L'Étrurie aspirait la
vie par un double courant : elle n'est pas seulement, comme on l'a dit souvent, un pastiche de la Grèce; c'est aussi l'Orient incorrect et raffiné, tour
à tour rude ou délicat, charmant quelquefois, inégal toujours, ayant ses beautés propres et ses défauts, ne devant ceux-ci qu'à lui-même, mais recevant
de la race privilégiée des Hellènes ses plus nobles inspirations. »

Après cette conclusion du dernier chapitre, qui donnera une juste idée de

la forme propre à M. des Vergers et de sa prudente réserve, il nous reste
à dire un mot de la composition du tableau comparatif qu'il a formé des alphabets italiotes, phéniciens, et grecs archaïques.

Il a fallu d'abord assurer la valeur des lettres dans toutes les inscriptions
étrusques connues, ce qui a pu se faire avec toute la rigueur désirable au
moyen de la belle collection de miroirs réunie par M. Gerhard, dans la plupart desquels les noms grecs de divinités sont transcrits en caractères étrusques.
M. des Vergers a pu, à l'aide de notions sur les objets contenus dans les tombes
d'où les monuments avaient été exhumés et d'après la comparaison des graphites,
classer dans leur ordre chronologique approximatif les colonnes alphabétiques
qu'il a formées. L'alphabet de Bomarzo occupe naturellement le rang principal, et c'est avec ce document que s'établit la comparaison des alphabets phéniciens et grecs. L'alphabet des Falisques est un mélange de l'alphabet étrusque
avec l'alphabet latin le plus archaïque. Les inscriptions ombriennes et samni-
tes montrent que ces peuples ont reçu l'écriture des Étrusques. Les Latins l'ont
reçue des colonies chalcidiennes de la Grande-Grèce.

M. des Vergers a rangé dans la partie médiane du tableau les différents
alphabets phéniciens extraits des monuments. Celui qui lui a servi de type
est incontestablement le plus archaïque de tous. Il lui a été fourni par M. le
comte de Vogüé. Il a été extrait des briques exhumées dans les fouilles de la
Mésopotamie, des cylindres babyloniens, des pierres gravées, des poids trouvés à Ninive par M. Layard et qui nous reportent au huitième ou au neuvième
siècle avant notre ère.

L'auteur a fait deux parts des alphabets grecs archaïques : ceux qui ont été
découverts en Étrurie, ceux qui ont été rencontrés dans la Grèce même ou
dans ses colonies. L'alphabet de Cære, ainsi qu'il l'a démontré, ne saurait
entrer, par suite de son âge trop récent, en comparaison avec les alphabets
étrusques et phéniciens les plus archaïques. Il n'en est pas de même de celui
qui a été tiré des vases corinthiens, de celui des colonies chalcidiennes, et
de celui de l'inscription de Gortyne. Mais les plus anciens alphabets grecs
connus sont ceux qu'on a tirés de quelques tombes de l'île de Théra et d'une
inscription de l'île de Mélos. Ce sont ceux-là qui doivent être confrontés avec
l'écriture phénicienne et avec celle des Étrusques. M. des Vergers a terminé
son tableau par les alphabets extraits des inscriptions trouvées en Phrygie et en
Lycie.

On comprendra aisément qu'un pareil travail, outre ses conséquences pour
l'histoire de la transmission de l'écriture chez les peuples de l'antiquité, doit
prêter un secours efficace pour la transcription des caractères tracés sur les
bronzes, sur les graphites et sur les vases, et aider ainsi très-efficacement au
classement des monuments d'antiquité figurée.

(E)

Parmi ces biographies il en est plusieurs que leur auteur destinait à figurer
dans une Histoire des empereurs et auxquelles il avait apporté le soin le plus

scrupuleux. Chaque fois qu'il avait à rédiger ainsi un règne, il revoyait toute la série des médailles, des inscriptions qui concernent les personnages qui s'y rapportaient. Cette attention lui a procuré plus d'une fois l'avantage d'introduire dans ces articles de véritables découvertes historiques. C'est ainsi qu'il a pu en dernier lieu éclairer la chronologie du règne de Trajan sur laquelle il a lu un Mémoire à l'Académie des inscriptions, ramener définitivement à une seule les deux guerres parthiques, fixer la date véritable de la légation de Pline le jeune en Bithynie, etc. Dans chacun de ces articles, véritables mémoires dont les historiens, M. Merivale entre autres, s'étaient habitués à tirer le plus grand parti, M. des Vergers étudiait, avec toute l'attention qu'on donne aux objets de sa prédilection, l'administration des provinces, les progrès sociaux, les expéditions militaires et ces différents problèmes que l'archéologie embrasse aujourd'hui, mais dont les chroniqueurs latins s'étaient montrés si peu soucieux.

(F)

On peut juger par la notice si intéressante que M. des Vergers a consacrée à Borghesi en tête de son *Marc-Aurèle* combien devait être nourri de détails précieux le volume en préparation consacré à la vie de l'antiquaire de San-Marino et précédé de l'historique des recherches épigraphiques en Italie. Dans le Rapport fait au nom de la commission de publication des œuvres de l'illustre savant, M. Ernest Desjardins s'exprimait ainsi : « Aux neuf volumes, consacrés à l'œuvre complète de Borghesi, viendra s'ajouter naturellement l'*introduction*, qui comprendra sa biographie détaillée. Ce travail ne pourra manquer d'intérêt, car c'est M. des Vergers qui s'en est chargé, comme disciple assidu du maître et comme témoin de sa vie pendant les longues années qu'il a passées près de lui à Rimini.

« M. des Vergers a trouvé, dans ses souvenirs personnels d'abord, puis dans sa correspondance et dans les manuscrits que nous possédons, enfin dans les archives de la petite académie Simpemenica, à Savignano, patrie de Borghesi, — académie dont il était le principal fondateur,— une riche moisson de documents, qui lui permettra de faire un livre substantiel, littéraire et scientifique à la fois, et dont le canevas et les matériaux sont prêts.